MAOUDE GOCHI

LES CAPRICES DES SOCIÉTÉS AFRICAINES

MAOUDE GOCHI

LES CAPRICES DES SOCIÉTÉS AFRICAINES

Éditions Muse

Imprint

Cover image: www.ingimage.com

Publisher:
Éditions Muse
is a trademark of
Dodo Books Indian Ocean Ltd., member of the OmniScriptum S.R.L Publishing group
str. A.Russo 15, of. 61, Chisinau-2068, Republic of Moldova Europe
Printed at: see last page
ISBN: 978-3-639-63668-0

Maoude Gochi ALI

LES CAPRICES DES SOCIÉTÉS AFRICAINES

Table des matières :

REMERCIEMENTS

L'impossible est possible grâce à toi, c'est par ta volonté que nous osons faire l'impossible, nous osons exploiter nos compétences pour sortir le meilleur de nous-même, nous osons dévoiler le génie qui se cache en nous, l'être positif masqué dans notre âme et de brouillon tu fais sortir une version parfaite de nous-même. C'est grâce à toi que ce livre a vu le jour. Je te dédie ce livre Dieu tout-puissant, le miséricorde, le maître absolu, maître de la résurrection !

A ma solide famille qui reste toujours solide, unie et indissociable malgré d'énormes situations malheureuses la rendant fragile dont elle faisait face defois.

A mes parents qui ne cessent et ne cesseront jamais de prier pour moi nuits et jours, m'accompagnent et me soutiennent partout où je suis, où je vais.

Je vous dédie également ce livre mes frères, ma sœur ! Qui m'accompagnent nuits et jours, qui me soutiennent et m'aident à franchir le succès.

A vous chers lecteurs, vous qui m'accordiez votre temps précieux.

Que mes sincères remerciements atterrissent chez vous !

Avant-Propos

Dès mon si jeune âge, à 10 ans déjà j'étais un petit enfant très curieux pas parce que j'étais un enfant intelligent mais parce que j'étais animé par une soif intense, une soif profonde, la soif de tout savoir, de tout connaître ou d'expliquer les choses pour comprendre le comment ou le pourquoi. Assoiffé de savoir, de percer les mystères de mon continent, de connaître les causes de notre misère actuelle, les causes de nos comportements actuels, qu'est ce qui est à l'origine de la souffrance de l'Afrique, à l'origine de notre misérable pauvreté.

Toujours famélique car ma curiosité grandissait de temps en temps au point où je demeure chaque jours quelqu'un qui n'a guère de quoi satisfaire sa faim. Quelqu'un avec un estomac affamé dont il doit obligatoirement être repu avec pleins des informations, pleins d'explications ou pleins de réponses à mes questions. L'Afrique a été ma première préoccupation et le premier continent qui avait le plus attiré mon attention.

L'histoire de l'Afrique m'avait beaucoup choqué et inspiré au point où ça a été le départ de la réalisation de ce livre. Dans ce livre je vous dévoile et vous expose quelques caprices des sociétés africaines, quelques caprices des africains ou quelques caprices des hommes dans les sociétés. L'histoire de l'Afrique attirait de plus en plus mon attention car c'était l'histoire que j'adorais le plus et que l'Afrique demeure le continent qui me préoccupe le plus. A chaque fois mes questions étaient simples : comment il se fait qu'un continent soit pauvre et riche en même temps ? Sommes-nous maudit par Dieu ? Pourquoi eux ils ont et ils sont mais nous nous n'avons pas et nous ne sommes pas ?

À l'école nos professeurs avaient l'habitude de dire que l'Afrique est un continent riche, les africains sont solidaires, unis, généreux et respectueux entre-eux pourtant c'est purement et totalement qu'un simple mensonge déguisé. La réalité est telle qu'elle est on ne peut ni amplifier, ni transformer les choses pour en faire d'eux des réalités pures ou des réalités déguisées. Le réveil de ma curiosité m'avait permis un jour à avoir des réponses concernant les questions à propos de l'Afrique que je me posais.

L'Afrique n'est pas seulement pauvre financièrement mais aussi pauvre mentalement. Tout est qu'une question des mentalités, tout est psychologique. On est pauvre psychologiquement. La question de mentalité concernant le continent est à revoir. Pour que le continent puisse franchir l'étincelle de la lumière de l'évolution ou franchir la richesse économique et autre, il faut nécessairement et obligatoirement que les mentalités changent. Que les africains arrêtent leurs caprices dans les sociétés. Les caprices des sociétés africaines a vu le jour juste pour jouer le rôle d'éveilleur des mentalités, d'essayer de réveiller certaines mentalités ou juste montrer en lettre capitale ce que nous souffrons le plus, ce que l'Afrique souffre le plus, ce ou ceux qui freinent notre progression vers la richesse, vers l'évolution, ce qui nous dissocie et nous rend fragile.

Maoude Gochi ALI

Africains, évitons les caprices,

Sauvons l'Afrique,

L'union fait la force !

A mes frères et sœurs Nigériens,

A mes frères et sœurs Africains,

Que la paix du tout-puissant vous guide et vous accompagne

Qu'il vous guide vers la vérité !

L'évolution c'est bientôt incha'Allah !

I. LES SOCIÉTÉS AFRICAINES

Parler des sociétés c'est parler des personnes ou des hommes en général car une société (Nom collectif) est une réunion de plusieurs personnes associées pour quelques intérêts, pour quelques affaires et sous certaines conditions. Lorsqu'ils entreront en société et qu'ils feront entre-eux des conventions pour leur avantage réciproque, ils augmenteront beaucoup la jouissance de leur droit naturel. Mais parfois le sens de ces phases précédentes disparaît quand il s'agit de parler des sociétés africaines car la conception de société prend une autre dimension en Afrique. Les hommes vivent en société mais ils sont dissociés, et d'ailleurs quand il s'agit d'intervenir le concept communautarisme nous nous isolons rapidement de la réalité car le concept prendrait une autre forme également. Il ne faudrait pas parler de société ou de communauté quand les faits montrent que c'est une véritable contradiction d'affirmer que les gens vivent ensembles mais pourtant nous avons l'impression que tout le monde fait semblant d'être en communauté. Nous sommes tout simplement des simples acteurs plus précisément des simples comédiens. Nous partageons peut-être des mêmes cultures, ou nous sommes peut-être de mêmes ethnies. Nous vivons ensembles, nous partageons des liens sacrés entre nous mais quand parmi nous l'un se retrouve dans des problèmes il est confronté à souffrir seul de son coin et les autres s'écartent le plus tôt possible du problème pour ne pas y être affecté également. Chacun fait face à ses problèmes seul, personne n'est prêt à se sacrifier pour vous, vous devez insignifiant aux yeux des personnes qui vous sont très chers. Même quand il s'agissait de demander de l'aide à des gens qui n'appartiennent pas à votre entourage la plus proche. Vous devenez extrêmement insignifiant car personne n'est prêt ou a le temps de vous apporter son aide ou sa contribution. D'autres circonstances montrent que le problème qui se pose c'est que le pauvre sera toujours l'ami d'un autre pauvre le riche également, étant donné que chaque individu ne peut être ami avec quelqu'un de classe sociale différente qu'elle soit supérieure ou inférieure.

Ainsi les sociétés des hommes sont composées de plusieurs classes des personnes avec une certaine répartition des individus de classe sociale inférieure et des individus de classe sociale supérieure. D'autres ne se retrouvent dans aucune de ces classes ou tout simplement appartiennent au cercle neutre. Ils sont ignorés complètement comme s'ils en sont des êtres insignifiants dont l'existence n'a plus raison d'être.

Ailleurs c'est les mentalités qui diffèrent, certains sont plus solidaires que les autres, ils sont prêts à tout moment à apporter leur contribution pour faire face à un problème qui concerne une marge des gens ou tout une société. Par contre quelque part certaines personnes sont d'une méchanceté absolue ; ils vous créent des pièges tous les jours et ils n'hésitent jamais à venir vous consoler lorsque vous êtes dans des moments des tristesses ou des difficultés. Nous assistons alors à des véritables désordres dans les sociétés. Les sociétés humains deviennent comme des sociétés des animaux. N'importe quoi s'y trouve, n'importe quoi y vie dedans. Les gens font ce que beau les semble. Chacun dévoile ses caprices, ses délires, folies ou ses bêtises. Les gens par abus de liberté de tout faire dans la société deviennent des acteurs de destruction de cet esprit de solidarité, de coalition ou d'union entre les gens. Nul s'intéresse alors à l'autre et chacun vie pour soi-même et n'est pas prêt d'aider qui que soit ou quelque soit ton problème il ne serait jamais allié pour ta cause.

Pour peur d'une mauvaise interprétation des choses, il ne faudrait pas rapidement non seulement condamner les hommes pour leurs comportements dans les sociétés mais aussi dire que l'être humain est cruel car si nous fouillons profondément dans les faits nous verrons que quelque chose est à la base de tous ces comportements ignobles dans nos sociétés.

D'où viennent alors les erreurs des hommes ? Qu'est ce qui contrôle les hommes ? Qu'est-ce qui pousserait donc les hommes à agir sans réfléchir ? Toutes ces questions ont peut-être à eux seules des réponses spécifiques.

II. LE DANGER DE LA CONSCIENCE DES HOMMES DANS LES SOCIÉTÉS

Si nous nous référons à la philosophie et plus précisément à certains philosophes comme Descartes nous verrons que cette chose incroyable que nous cherchons à dévoiler l'existence n'est rien d'autre que la conscience des hommes, car sans elle il ne serait qu'un simple être égal à l'animal. Mais bien que l'être humaine est doté de conscience et vivant en société ; il arrive de fois qu'il ressemble à l'animal car certains de ses actions sont identiques à ceux des animaux. Donc la conscience est une arme puissante mise entre les mains de l'être humain. Comme le dit Descartes c'est elle qui détermine les hommes. Toutes nos actions ont pour source la conscience. C'est elle qui domine l'homme et qui le pousse à agir. Si elle prend le contrôle nous avons plus le choix que de faire certains actes. Toutes nos actions viennent de la conscience. Mais malheureusement Sigmund Freud ne serait point d'avis avec Descartes car avec lui l'existence d'une autre force vient changer tout. Pour lui c'est l'inconscient qui est la cause de tout, comme le dit Spinoza : << Les hommes sont conscients des actes qu'ils posent mais ils ignorent les causes qui les poussent à agir.>>

De fois il nous arrive de poser des questions sans réponses car notre perception ou notre interprétation des choses est quelquefois erronée ou tout simplement cette perception ou cette interprétation qu'on a tendance à accorder aux choses qui nous entourent est isolée de sens et finalement on arrive à avoir des réponses absurdes et incompréhensibles. Fausse perception faux résultat, fausse interprétation faux résultat également. Toutes ces fausses informations qu'on arrive à faire sortir de notre conscience est la preuve directe que nous sommes en danger, nous sommes faibles et esclave de quelque chose, quelque chose nous trahi, quelque chose qui fait partie de notre misérable pitoyable existence est responsable de certaines de nos malheurs. Notre conscience qui fait partie de notre psychisme est la principale cause de toutes ces illusions ou toutes ces confusions. Chaque fois nous faisions appel à notre conscience pour la bonne interprétation des choses ou pour avoir une perception plus ou moins claire de nous-même des choses ou tout simplement de notre entourage sans oublier notre environnement quand il s'agit de parler de la vie en société.

La société elle-même est une illusion et si on tente de poser des questions étant dans une société on finit toujours dans des illusions car les mystères de la vie sont peut-être cachés dans la société des hommes ou peut-être dans l'univers. Sommes-nous faibles quand il s'agit d'interpréter les mystères de la vie ? Cette question est peut-être elle aussi sans réponse. Nous nous trompons de fois mais à chaque fois nous pensions que nous avons toujours des réponses exactes à nos questions même les plus complexes, même les plus insensés. Tant que la conscience fera partie de nous il est probable que nous nous tromperons à chaque fois car nous pensions être maître de tous nos actions mais comme le dirait Sigmund Freud : << Le moi n'est pas maître dans sa propre maison >>. Cette pensée de ce philosophe cache sans doute à elle seule beaucoup de réponses quand il s'agit de parler du psychisme humain bien que Descartes lui il attribue à l'homme une certaine grandeur car étant doté de conscience. Pour ce philosophe la conscience permet de bien interpréter les choses, d'avoir des réponses exactes à toutes nos questions, de faire le choix entre le bon et le mauvais, de faire une distinction du vrai au faux ou encore d'être maître de nos actions. Donc chers lecteurs notent bien que l'intervention de tous ces concepts philosophiques dans les lignes précédentes nous permettront d'avoir quelques supports pour développer d'autres idées concernant notre discours sur les sociétés africaines. Cet écrit n'est en aucun cas ou n'est pas en quelque sorte un discours philosophique dont le but c'est de nous intéresser à la philosophie ou de continuer à développer des pensées philosophiques. Donc il est important de retenir que nous avons en aucun cas besoin de se référer à des cours de philosophie ou de faire intervenir certains philosophes pour savoir que la conscience est source d'illusions de fois dans nos sociétés africaines et plus précisément elle est responsable de tous ces désordres que nous rencontrons dans nos sociétés nuits et jours car les hommes pensent autrement sans faire attention aux conséquences de leurs actions, sans faire distinction entre ce qui est bon et ce qui est mauvais.

III. CE QU'EST UNE SOCIÉTÉ EN AFRIQUE

En Afrique avoir une définition simple et équivoque du concept société n'est possible qu'au prix d'une simplification. Ainsi par ce moyen de simplification le plus sûr nous arrivons à soustraire quelques sens. Donc par définition en Afrique une société c'est l'assemblage d'hommes qui sont unis par la nature ou par des lois ; que les hommes réunis ont naturellement les uns avec les autres mais les conditions sociales poussent les gens plus tard à vivre chacun de leur côté. Les gens sont séparés les uns des autres où chacun cherche à détruire l'autre, où le riche s'en fiche des pauvres, où les soit disant dirigeants vivent pour eux-mêmes où tout individu a ses propres préoccupations, où la misère fait des victimes chaque jour, où la prostitution est la principale activité pour certaines femmes de se libérer de la pauvreté, d'échapper du piège de la société ou de se libérer des contraintes que leurs impose la vie ou tout simplement d'être indépendant financièrement. Mais certaines femmes elles y trouvent juste du plaisir à faire cette activité, par contre d'autres elles pensent que c'est la seule et unique chose qu'une vraie femme doit faire pour libérer ça beauté et mettre cette splendide beauté au service de la population plus précisément aux services des hommes. Dans ces mêmes sociétés on remarque également ces nombres incroyables et incalculables des crimes qui se multiplient chaque jour. Le taux de criminalité accroît tous les jours et les meurtres ne cessent d'augmenter. Les voleurs, les bandits armés, les terroristes, les délinquants et autres personnages pouvant rendre la vie impossible deviennent de plus en plus nombreux. Et cette situation est problématique pour tout le monde car tout individu vivant dans ces genres de société en devient victime. Une société devienne rapidement en lieu de meurtre, un lieu des criminels ou un lieu des bandits. C'est en étant dans une de ces sociétés que vous verrez le vrai sens du concept société en lettre capitale.

Quand il s'agit des cultures ou des traditions il en existe autant dans nos sociétés. Et qui dit culture dit ethnie, qui dit tradition dit peuple. C'est ce qui explique qu'une société africaine est composée de plusieurs groupes des gens avec des traditions différentes, des cultures différentes ou encore quelques rares religions étrangères, des religions différentes. Donc ce n'est ne pas si étonnant que les gens se comportent autrement dans une société. Cette différenciation pousse les gens à être peu sympa avec les autres, à être peu ouvert avec les autres. Chaque individu considère l'autre comme étranger, comme ennemi, comme un danger dont il faut s'en méfier, dont il ne faut pas respecter ou encore dont il ne faut pas trop accorder d'importance ou également dont il faut à tout prix ignorer l'existence. Mais heureusement que l'existence du mariage entre deux ethnies différentes existe. Ce qui est un avantage pour la diminution de cette différenciation ethnique. Ce mixage est un avantage majeur qui permet d'éviter des comportements des uns et des autres. Mais malgré tout on est de fois confronté à des pires situations. Comme par exemple les conflits entre plusieurs ethnies, si je prends le cas de mon beau pays le Niger j'ai souvent été témoin de plusieurs conflits de grandes envergures entre les peuls et les cultivateurs. La principale cause de ces conflits n'est rien d'autre que le fait que les peuls laissent leurs animaux baladés dans les champs des cultivateurs où ils détruisent presque tous les plantes et autres cultures pendant leur passage d'un lieu à un notre. Et notons qu'un troupeau d'animaux peut être composé d'une centaine de vaches additionner à quelques moutons, brebis, chèvres et autres. Ce qui laisse les cultivateurs mécontents et au final on assiste à des batailles de ou des combats avec des haches, des machettes, des bâtons, des daba ou autres ustensiles tranchant ou coupant.

Dans nos sociétés nous rencontrons tout, nous faisons face à beaucoup des situations difficiles, nous faisons également face à beaucoup des problèmes causés par nos proches ou encore par des gens qui cherchent à nous détruire tout simplement grâce à cet immense pourvoir que les offre leur conscience. Chacun cherche à faire du mal à son prochain, chacun cherche à tout prix détruire son prochain, lui faire du mal, le voir dans des situations impossibles de y faire face. Les gens sont en paix que lorsque leur estomac est repu, que lorsqu'ils n'ont plus faim, que lorsqu'ils n'ont plus soif de vous faire souffrir. En ce temps-là ils auront l'esprit tranquille. Étant conscient ils se croient libre de tout faire dans la société que de fois ils en abusent de trop, d'autant plus qu'ils pensent au mal, d'autant plus leur soif de souffrir est intense et immense.

En prenant comme exemple le milieu d'où je viens je peux juger que toutes les sociétés ne sont pas pareilles. Ma ville est paisible, calme, paisible et moins pénible. C'est une petite ville perdue dans le désert du Niger se trouvant dans le nord du pays dans la région d'Agadez une des régions du Niger qui abrite presque la majorité des Touaregs du Niger. Du nom de Arlit, ma ville est une ville créée dans la zone d'exploitation d'uranium (zone créée par Areva une société française). Elle est une ville se trouvant dans le désert du fait que le milieu fait apparaître un espace isolé de végétation, et du fait que les précipitations sont rares. Elle se trouve dans la zone désertique du Niger où les pluies sont extrêmement rares et la végétation quasiment inexistante à certains endroits à l'exception des oasis où on cultive des fruits, légumes et céréales. Malgré les mauvaises conditions de vie que ma ville fait face c'est un milieu idéal, c'est un milieu vivable car les gens qui y vivent ne sont pas si terribles, ils ne constituent en aucun cas des moniteurs de problèmes. Mais il est important d'accepter que dans certains endroits il peut y exister quelques rares exceptions des gens aux esprits maléfiques pouvant rendre une société paradisiaque en enfer. Même s'il existe ces acteurs-là dans ma ville je pense qu'ils sont en faibles pourcentages. Si une société est désordonnée c'est la faute des gens qui y vivent de dans et c'est a été le cas des certaines sociétés africaines où j'ai vu beaucoup des familles prisent dans le piège de la société, où j'ai vu beaucoup des gens souffrir à cause de leur entourage. A cause des gens qu'ils considéraient comme des proches, comme des amis ou comme des membres de leur famille.

Si je me rappelais bien dès mon enfance déjà tout petit j'avais toujours posé des questions qui méritaient d'être appelées des questions absurdes. Comme par exemple j'avais l'habitude de me demander : Que cherchent les gens dans la vie ? Pourquoi l'être humain est si méchant qu'il a l'air d'être si gentil ? Que nous réserve l'avenir en étant d'une société ? Saurions-nous ce qu'une société cache ? Pouvons-nous vivre correctement dans la société ? La vie a-t-elle un sens en vivant dans une société ? Bref c'est toutes ces questions absurdes et quelques fois philosophiques que je me posais quotidiennement.

Ailleurs certaines personnes n'ont aucun esprit de communautarisme. Ce qui fait que chacun avance avec ses propres moyens, chacun avance au rythme de sa richesse ou de sa pauvreté, chacun avance avec ses propres ressources ou encore chacun répond à ses problèmes seuls sans l'intervention d'un proche ayant pleins de ressources. Les riches préfèrent remplir les banques, préfèrent remplir leur garde-robe ou encore préfèrent disposer d'une jolie maison à plusieurs étages, une maison avec jolie piscine, avec un grand espace, avec beaucoup des chambres et surtout sans oublier une maison de luxe ayant un grand espace pouvant accueillir beaucoup des voitures car tout le monde aime se faire remarquer et être distingué parmi tant de gens dans la société.

IV. LE COMPORTEMENT DE ALHAJI AUX MULTIPLES RICHESSES FACE À SA SOCIÉTÉ

Dans ma vie j'ai eu la chance de faire connaissance d'une personne très riche qui était extrêmement riche même. Sa fortune pouvait atteindre dans les 2 milliards de FCFA. C'était Alhaji l'homme milliardaire détesté par tous. Alhaji était homme très célèbre, âgé de 45 ans seulement. Il est un peu gros et est un peu court avec un visage gonflé, avec des yeux rouges sortis de leur orbite qui pouvait paraît comme ceux des zombies, sa bouche fait apparaître une denture moins remplie de dents à certains endroits. Grâce à sa richesse il se fait connu partout dans la société. C'était un homme qui aime construire beaucoup des maisons de luxe, il aimait acheter des voitures de luxe et d'autres bêtises que beaucoup des gens riches aimaient possédés. Il avait à lui seul plus de 7 maisons, et plus de 9 voitures. Alhaji avait aussi le goût de la vie car il aimait se marier de trop, grâce à sa richesse il avait laissé ses ennemies dans le monde ' ' venez observer ma richesse mes chers ennemis''. C'était un homme qui se marie de trop puis en seulement un mois ou quelques mois il se séparait de sa femme. Si l'on pouvait donner approximativement le nombre exact des femmes que Alhaji avait marié puis divorcé on pouvait atteindre une quinzaine..

Quand il s'agissait d'être ouvert et d'être très utile pour sa société, Alhaji avait une conception différente du mot aider car pour lui les gens devraient régler eux-mêmes leurs problèmes. Tout comme il s'était levé pour chercher ses multiples richesses, c'est de cette manière que les gens devraient procéder pour être épargné des problèmes de la vie surtout que nous sommes déjà informé que la pauvreté en Afrique est une malédiction et que ça peut être un grand problème difficile de y faire face. Mentalement il semble être normal, mais il avait tous les traits des gens malades.

Cet homme avec une incroyable richesse n'avait jamais aider même une mouche, n'avait jamais donné même une petite graine de mil à personne, à qui que soit. Il était tellement détesté par tous que même par ces propres enfants car celui-ci se séparait rapidement de leurs mères juste quelques mois après leur mariage. Ces femmes divorcées quittaient sa concession en état de grossesses. Et le plus cruel chez lui c'est qu'il y'avait eu aucune de ces femmes divorcées qui avait pu réussir à mettre au monde un enfant dans sa maison. Toutes accouchaient chez leurs parents. Alhaji ne prenait pas soin de ses enfants, ni même pas de ses femmes. Nous pouvons même croire qu'il les maltraitait. Sur le plan physique et psychologique ses enfants semblent être maltraités. Cette maltraitance de Alhaji n'avait pas laissé les mères de ces enfants sans paroles. Parmi ces mères divorcées d'autres avaient pu le convoqué à la justice pour but d'obtention de la garde des enfants. Mais à chaque fois il réussissait à acheter les juges car étant un homme très riche. Déçues toutes ces mères retournèrent mains vides chez eux. <<

Comme la vie est si cruelle et injuste, ton propre enfant souffre mais tu ne peux rien y faire pour lui alléger sa souffrance. >> disait Oumalkaltoum l'ex-femme et l'une des victimes de Alhaji. Alhaji avait carrément oublié qu'il avait une famille, qu'il vie dans une société ou encore avait oublié que les gens avaient gravement besoin de ses services, de sa richesse, de sa contribution pour l'épanouissement de la société. Personne n'existe chez lui, personne ne compte sauf ceux qu'il pense qu'ils peuvent l'apporter beaucoup de richesses de plus.

Un jour Alhaji était revenu du marcher à côté du portail de la maison il avait croisé beaucoup des gens, femmes et des enfants venu demander l'aumône. Méchamment sans les accorder d'importance, ni même les regarder il se dirigea directement dans sa concession puis quelques minutes après il envoya son gardien pour venir les chasser et taper toute personne osant refuser de partir et libérer ses espaces pour permettre à sa maison de respirer.

Comme on le disait souvent toute chose à une fin et tout est éphémère dans ce monde. Un beau jour Alhaji perdit toute sa richesse y compris sa vie car ayant accordé trop de confiance à ses amis d'affaires (les gens avec qui il faisait ses business). Ces derniers l'avaient trahi en lui volant tous ses biens. Ils avaient volé ses voitures, sa richesse était partagée par quelques compagnons et quelques frères et sœurs de sa famille. Désormais Il ne restait plus rien de lui, même les maisons étaient partagées par les mères de ses enfants. Personne n'avait eu pitié de Alhaji le jour où il fût décédé, même les quelques mendiants se trouvant aux alentours du lieu du crime étaient restés indifférents. Chaque individu qui passait avec tête souriante le cœur plein de joie regardant Alhaji couché, allongé, gémissait au sol devant l'un de ses magasins de diverses marchandises, la tête pleine de sang, le corps mouillé de sang également car il venait d'être abattu comme un chien par son propre ami qu'il avait toujours considéré comme un confrère.

Il reçut deux (2) balles, l'une dans la tête et l'autre dans le cœur. Ce jour-là Alhaji était bien habillé et laissa dégager de son corps un parfum qu'on dirait que c'est fabriqué pour lui seul, tellement que ça dégageait une odeur agréable et en même temps dégageait ''une odeur d'argent'' car avec lui le parfum avec ''odeur d'argent'' existe.

Ça mort n'était pas une surprise même au commissaire Moustapha qui d'ailleurs lui avait mainte fois interpellé Alhaji pour son comportement envers sa famille et en général envers sa famille, tout le monde le détestait. Alhaji se faisait beaucoup d'ennemis sans oublier ses premiers étaient les quelques membres de sa famille. D'après les témoignages de plusieurs personnes sa mort avait été possible grâce à la complicité de sa famille. De son vivant il était un homme terrible qui ne prend soin de personnes ni de ses parents car ces derniers avaient rendu l'âme sans voir leur misérable vie de pauvreté changer. Tout ce qu'il faisait c'est d'envoyé son chauffeur Boukari venir avec un petit misérable billet déchiré de 500 FCFA et quelques fois avec des numéros ou des bouts de parties manquantes pour remettre à ses parents. Même lorsque son père était gravement malade et qu'il devait être amené à l'hôpital pour les soins, il refusa de prêter sa voiture car considérant son père comme un déchet humain et qu'il allait salir sa voiture. Quelques jours plus tard la situation de son père se compliqua et les médecins recommandèrent à sa famille une opération d'urgence si non ils risqueront de le perdre. Problème d'argent ou faute de moyens on sollicita Alhaji d'être contributeur en premier en attendant qu'ils trouvèrent des solutions à leur problème. Mais sans piété Alhaji déclina cette quête d'aide pour motif ces derniers temps il fait face à des difficultés financières car ces quelques camions pleins de ses marchandises étaient bloqués à la douane et qu'il devait obligatoirement payer plus de 25 millions de FCFA pour que la douane les laissait passer. Son père gravement malade devrait être opéré à l'urgence car ayant des problèmes des reins. Une opération d'urgence qui coûterait au moins 11 Millions de FCFA. Cette somme pourrait paraître insignifiante si l'on la comparait à la totalité de sa richesse qui pouvant être estimée à 2 milliards de FCFA.

Des jours se succèdent le vieux souffrait davantage et les médecins avaient été bien claire sans la somme demandée ils ne pouvaient rien y faire pour le vieux. C'était ainsi dans ces conditions le vieux rendit l'âme sans que Alhaji ait réagi ou eu le temps de le rendre visite à l'hôpital.

La mort de sa mère plus tard avait été presque de même nature bien qu'elle, elle avait succombé trois jours plus tard suite à un accident de voiture après avoir été humilier par son propre fils lorsqu'elle lui avait rendu visite car ne pouvant plus vivre dans la souffrance, elle venait de perdre son mari, elle n'avait personne pour lui venir en aide, elle ne pouvait plus tenir face à la famine, elle n'avait plus rien pour se nourrir et nourrir les restes de ses enfants.

Suite à l'accident elle perdit l'usage de ses jambes et elle devrait être opérée urgemment. Son opération coûterait dans les 5,6 millions de FCFA. Mais à chaque fois Alhaji à ses mêmes motifs. Tout comme son père, sa mère également rendit l'âme. Alhaji est désormais orphelin de père et de mère. Pour lui ses parents n'avaient pas contribué dans sa quête de richesse. Donc Pour lui ce n'était pas une obligation de les assister à son tour, raison de ces comportements ignobles. Avant sa mort, sa mère avait laissé un message très clair à ses petit frère que elle part en paix au près de son seigneur en sachant que Alhaji n'est plus son fils, elle le supprime carrément de son cœur, il n'a plus de mère, il est maintenant un simple inconnu accoucher par une autre mère. Il est comme enfant d'une autre mère et devient un étranger, un simple rien pour elle. Plusieurs semaines après la mort de sa mère il était venu pour les condoléances car n'ayant pas de temps pour venir le jour même de la mort de sa mère. Il fut chassé par ses frères et les gens du quartier compte tenue des exigences laisser par sa mère car elle refusa que même après sa mort Alhaji assiste à son enterrement ou même venir pour les condoléances.

Sa mort était le début d'une nouvelle vie, tous avaient retrouvé la joie, les sourires étaient au rendez-vous, les larmes de joie, les souffrances semblaient être allégées, les ennemis semblaient être victorieux, ils avaient enfin gagné la bataille. Les comportements des gens face à sa mort avaient rendu triste certaines personnes avec bon cœur car pour eux un être venait de rendre l'âme mais que les gens jouissaient positivement de sa mort ; la déception d'autre fois c'était reconvertie en bonheur aujourd'hui. Cette mort n'avait choqué personnes on point où personne ne se rendit à l'enterrement même ses enfants étaient absents ce jour-là, tous occupés pour le partage de l'héritage, mais seulement quelques de ses amis soulards avec qui il avait l'habitude de passer des nuits ensembles dans le Eldorado le célèbre bar du quartier. Entre amis ils passaient toute la nuit à boire de l'alcool en compagnie de quelques frères d'affaires et de fois c'est en compagnie de leurs fidèles prostitués. Avec Alhaji seule une prostitué pouvait manger son argent. Il accorda trop d'importance à ses prostitués bien que c'est un homme marié mais infidèle. Il n'était jamais rassasié avec ses femmes. Il voulut toujours explorer d'autres horizons, ainsi pour lui il trouvera jouissance.

Si nous nous référons au passé de Alhaji nous verrons qu'il n'avait jamais fréquenté une école, c'est un homme aussi ignorant que illettré, il était tellement pauvre psychologiquement qu'il pourrait-être qualifier de misérable. C'est peut-être pour cette raison qu'il se fait voler par ses propres amis le jour même de sa mort car quand Alhaji achète un terrain ou maison on ne lui remettait pas les papiers de vente. Donc ça veut dire qu'il n'avait aucune preuve que les terrains ou les maisons sont ses propriétés privées. Il achète tout à l'aveugle sans être conscient qu'il se faisait voler à chaque achat ou à chaque affaire.

C'est ainsi la vie d'homme riche s'achevait, Alhaji n'est plus, ses richesses également. Il est désormais enterré dans le cimetière musulman du quartier par ses amis soulards. Il avait eu droit à aucune prière étant donné que c'est un homme qui ne croyait pas à l'existence de Dieu ou l'existence d'un être supérieur ou l'existence d'une transcendance. Même le lieu où on devrait l'enterrer avait failli causé problème car les musulmans avaient jugé bon qu'il soit enterré ailleurs car n'en faisant pas partie de leur communauté. Les chrétiens également étaient de même avis que les musulmans qui d'ailleurs ne l'avaient jamais vu dans une église donc impossible qu'il soit enterrer dans les cimetières chrétiens. Malgré les quelques soucis il fût accepté puis enterré dans le cimetière musulman du quartier étant donné qu'il venait des parents musulmans. Son père était le grand Imam connu du quartier ; ça serait méchant d'humilier le fils du grand Imam disaient certaines personnes.

Ainsi nous n'allons jamais comprendre le mystère de la vie et comment le monde fonctionne, comment la vie avantage certaines personnes d'esprits négatifs et désavantages d'autres personnes d'esprits positifs qui pourraient apporter leurs contributions à tous, apporter leur pierre à l'édifice. Mais malheureusement ceux qui détient le grand pouvoir n'ont aucun amour pour leur société et n'éprouve aucun sentiment. Mais la vie a toujours aider les misérables. Alhaji le misérable est devenu riche comme par magie sachant bien qu'il n'a jamais fréquenté aucune école. Comment il a pu obtenir toutes ses richesses ? Il est devenu riche par comment ? Les réponses à ces questions n'existent peut-être pas. Les gens quand ils en possèdent beaucoup de richesses, ils deviennent des ingrats ou des gens qui ne ressentent aucun sentiment de pitié ou éprouvent aucune considération pour les autres. Les hommes avec pleines de richesses pouvaient apporter leur soutien à leur entourage ou aider le pays à faire face à beaucoup des problèmes mais leur objectif c'est d'être classés parmi les plus riches d'où leur course de richesses. Cette soif de posséder encore plus fait d'eux des êtres cruels et aveuglés par l'argent. Chez ces individus y'a que l'argent qui compte. L'argent est plus important que tout et donc impossible de gaspiller l'argent pour des besoins qui rapportent peu.

Et une autre histoire est à suivre quand il s'agit de parler de la vie en société ou plus précisément quand il s'agit de parler des caprices des sociétés africaines.

V. AÏSSATA UNE MÈRE EXCEPTIONNELLE FACE AUX CRITIQUES DES GENS

Cette histoire également qui suivra est une histoire vraie inspirée d'une famille vivant à Agadez une des régions du Niger où vivent les Touaregs. Cette histoire je l'ai reçu de la part d'une amie du nom de Mansa Hassana, une amie très fidèle à ses principes et à ses ami(es). Toute cette partie a été possible grâce à elle. Sa contribution pour cette édition a été d'une aide précieuse pour mon ouvrage. Je dédie mes efforts à ma fidèle amie et je lui dois plus qu'une montagne de reconnaissances et plus qu'une vague de remerciements mais aussi mes sincères considérations. Cette contribution ma permise de vous dévoiler en réalité quelques caprices des sociétés africaines. Ce que les gens sont capables de faire dans une société.

Aïssata une mère exceptionnelle face aux critiques des gens, elle était une femme si exceptionnelle qu'elle fût aimée par son mari, par ses enfants, par sa coépouse et même par la fille de sa coépouse Zara. Mais la société avait ignoré carrément qui était Aïssata raison pour laquelle elle s'était retrouvée un beau jour face aux critiques des gens. Par contre pour d'autres, Aïssata est une mère exemplaire et que toutes les mères devraient suivre son parcours et lui ressembler à tout prix. Elle avait été toujours gentille et ouverte avec tout le monde, et toujours prête à apporter son aide à la société, c'était cette condition qui explique sa lutte contre l'injustice, le mariage forcé et la criminalité dans la société. Si c'était possible qui puisse exister une personne ayant aucun défaut, une personne unique on pourrait affirmer sans exception que Aïssata est la candidate par excellence. Même quand son mari Abdallah était tombé sous le charme d’une autre femme et avait décidé de prendre une seconde femme, elle ne s’était jamais opposée à sa volonté.

- << Tu sais mon mari je n’ai aucune inquiétude pour ton mariage, tu es un musulman donc tu es libre de marier 4 femmes si tu le souhaites car la religion te le permet et personnellement il y’avait longtemps que j’avais souhaité avoir une petite sœur auprès de moi, celle qui va m’aider à bien m’occuper de la maison. Tu sais mon mari je commence à vieillir et je pers mes forces, je bien peur qu’un jour que je ne serai plus en mesure de te satisfaire et de bien m'occupé de la maison. >> Disait Aïssata à son mari Abdallah.

Aïssata est une malienne qui s’était mariée à Abdallah appartement à une ethnie haoussa. Et grâce à Dieu quelques années après leur mariage ils eurent beaucoup d’enfants.

Abdallah avait toujours une considération pour sa femme Aïssata. Elle était si exceptionnelle et si différente que les autres femmes. Elle n’avait jamais contesté ses choix. Avec elle il avait connu c’est quoi le bonheur, c’est quoi la vie de couple. C’est quoi la considération et le respect car il en avait reçu autant de fois dans sa vie.

L'idée du mariage pour Abdallah n'était pas une des conséquences des mauvais comportements de Aïssata mais juste que Abdallah s'est retrouvé un beau jour dans la rue face à face à Zara une belle Touareg au beauté irrésistible. Et tout comme être humain il n'avait pas pu se dépasser de ses sentiments. Plus le temps passe, plus il devenait fou amoureux d'elle jusqu'au jour où il décida alors de la prendre comme épouse car ayant peur de paraître comme un homme infidèle aux yeux de sa femme, de sa famille et de sa société.

Zara était d'une beauté toxique et foudroyante, elle avait un corps artistique, d'une taille élégante et bien définie. Elle est blanche comme la neige, parfaite comme la tour Eiffel, admirable comme la statue de la liberté, elle avait une peau transparente comme le verre faisant apparaître ses jolies veines, faisant apparaître sa beauté. Son sourire ressemble à un éclat du soleil. Quand elle rit ses dents éclairent les personnes se trouvant devant elle. Et même lorsqu'elle était si jeune beaucoup des gens avaient pensé qu'elle était indienne tellement qu'elle est d'une beauté irrésistible. Mais malheureusement Zara vient d'une famille Touareg, elle est née puis grandit à Agadez une des régions du Niger, ensuite elle s'est mariée à Abdallah déjà marié à Aïssata. Zara était une femme qui avait de quoi rendre toutes les femmes jalouses même à sa coépouse Aïssata car étant si belle que toutes les autres femmes du quartier. Mais malgré sa beauté irrésistible Aïssata l'avait toujours considéré comme une petite sœur dont pour elle être jalouse de sa petite sœur c'est être malhonnête et hypocrite. Elle l'aimait de tout son cœur comme si c'était sa petite sœur d'une même mère et d'un même père. D'ailleurs Aïssata considéra toutes les autres femmes du quartier comme ses sœurs sauf celles qui se présentaient comme en danger pour son foyer. Son comportement envers tout le monde faisait d'elle une femme si différente et si exceptionnelle et si unique. Elle considérait aussi tout le monde au même pied d'égalité et se présenta pour tous comme une femme exemplaire. Elle avait toujours considéré Zara comme une petite sœur et Nafi la seule fille de Zara comme sa propre fille.

Aïssata ne s'est laissé jamais intimider par personne car étant une femme si vigilante. Même quand les mauvaises femmes du quartier venaient pour lui apporter des histoires d'infidélité concernant son mari. Elle ne disait rien puis à chaque fois elle s'énervait et se disputait contre ces femmes malhonnêtes qui d'après elle tentaient de mettre du feu dans son foyer. Elles avaient essayé mainte fois de convaincre Aïssata de refuser la proposition du mariage que son mari Abdallah lui avait faite, celle de prendre une seconde femme. Mais si vigilante elle n'avait jamais été du même point d'avis qu'elles. Comme elle le disait à chaque fois : << Quelqu'un qui n'a jamais goûté le mariage il ne saurait jamais ce que c'est la vie de couple, donc il n'a aucun conseil a donné aux mariés.>>

Zara elle n'étant pas si vigilante elle se faisait tromper à chaque fois par ces mêmes femmes malhonnêtes du quartier. Après son mariage avec Abdallah elle se fait des amies, ces mêmes femmes que Aïssata ne faisait pas confiance dont elle cherchait à tout prix à éviter et plus vite après avoir compris leurs jeux elle s'était écarté le plus vite de leur chemin.

Au paravent la famille Abdallah était une si heureuse famille, une famille dans le bonheur, une famille qui dont le malheur n'avait jamais frappé à leur porte, une famille qui n'avait jamais connu des problèmes, même avec l'arrivé de Zara la seconde femme rien n'avait changé et aucune transformation de la famille. Un jour pas comme les autres jours précédents Abdallah s'était retrouvé dans des inquiétudes ; des problèmes commencèrent à s'installer chez lui. Abdallah était perdu il ne savait plus quoi faire, il se retrouvait entre deux(e) femmes toutes en colères qui faisaient la lutte et lui comme un arbitre essayait de mettre fin au combat du siècle tant attendu par les voisins et surtout un grand événement tant attendu par les soit disant amies de Zara ces femmes malhonnêtes que Aïssata détestait autant et s'en méfiait. Tout le quartier semble avoir retrouvé le bonheur, le quartier n'avais jamais assisté à un tel spectacle de si grand ampleur, de si grande animation.

Abdallah pour la première fois il venait de voir ses femmes se disputer, pour la première fois sa famille connut le désordre, pour la première fois les deux sœurs s'étaient disputées, partout c'est le bruit de ses deux femmes qu'on entendait, la maison était devenue en lieu de cinéma où les gens venaient retrouver le plaisir, où les gens venaient se distraire, sa maison était devenue un grand centre d'épanouissement pour les gens du quartier. Ce n'est ne pas tous les jours qu'une famille heureuse se dispute et donne gratuitement un grand spectacle aux gens disant Ousmane le réparateur et garagiste.

Abdallah à chaque fois qu'il voyait ces femmes se disputer. Il ne comprend désormais plus rien pour tant il y'avait quelques mois ses femmes étaient comme des sœurs, elles partageaient entre-elles un lien de sentiment fort. Elles étaient comme inséparables l'une de l'autre, elles étaient toujours ensembles et s'occupaient de la maison en parfaite harmonie. Mais ce qu'il venait d'assister l'avait complétement bouleversé au point où il était resté pendant des jours sans parole.

Le problème ne provenait pas de lui mais des amies de Zara car elles venaient de dire à Zara que ça coépouse est jalouse d'elle, elle tente et tentera à tout prix de la détruire, de plus c'est une sorcière, elle va tuer tous ses futurs enfants. Sans être vigilante Zara avait vite réagi en provoquant Aïssata qui elle d'ailleurs avait essayé de la ramener à la raison. Elle avait tout fait pour éviter cette dispute. Malheureusement Zara à ce moment avait une haine profonde. Tout ce qui était à ses yeux c'était d'anéantir sa coépouse avant qu'elle, elle s'occupait de son cas en premier. Cette dispute donna naissance à d'autres disputes plus tard entre Aïssata et Zara et à chaque fois leur dispute avait pour source les femmes du quartier. Elles étaient les principales causes. Abdallah commença lui a s'habitué car même s'il intervenait, il deviendrait insignifiant à leurs yeux, pendant leur moment de dispute elles étaient déconnectées du monde, elles ne voyaient personne dans leur champ de vision, c'était comme si tout le monde se trouvait dans un angle mort. Elles étaient comme dans un monde où elles seules existaient. À chaque fois que le combat infernal commença il se dirigea vers son coin puis s'assit sur sa chaise pour contempler le spectacle tout comme les voisins qui étaient déjà au lieu de rendez-vous et s'étaient déjà installé dans leurs coins, n'attendaient que le début des choses sérieuses c'est-à-dire les moments des insultes forts ou les moments des belles séquences. Les enfants de Aïssata misent dans la honte aux yeux du monde, tristement ne savaient quoi faire pour stopper cette dispute.

Quelques jours plus tard l'harmonie revint chez Abdallah, Abdallah était à nouveau heureux car sa femme était enceinte de quelques mois. Aïssata et Zara devinrent à nouveau des sœurs. Pendant tous les mois de grossesse Zara fût assistée par sa coépouse. Elle avait reçu un maximum d'aide nécessaire pour faire face aux complications de sa grossesse. Des mois se succèdent Zara fut accompagnée par sa coépouse et bientôt elle sera prête à mettre au monde un enfant. Les amies de Zara comme d'habitude toujours jalouses de voir Zara et Aïssata ensembles, cherchaient des moyens ou des stratégies pour les dissocier à nouveau. Mais l'amour entre deux sœurs était si fort qu'elles en avaient échoué sur tous les plans.

C'est le beau jour, jour spécial car enfin Zara venait de mettre au monde un joli bébé ; c'était une petite jolie fille ressemblant à sa mère. Aïssata toute heureuse, trop impatiente de prendre la fille dans ses bras gronda la sage-femme qui elle amena la fille vers une autre chambre pour quelques consultations. Zara également impatiente de prendre sa fille entre ses mains commença à se plaindre. Ce jour-là Abdallah était au travail, malgré plusieurs appels téléphoniques il ne décrocha toujours pas. Aïssata toute heureuse essayait de le faire part de la bonne nouvelle mais il ne décrochait toujours pas. Le petit Ali fut envoyé pour prévenir Abdallah que Zara avait mis au monde une jolie fille. Après plusieurs tentatives d'appels téléphoniques, la nouvelle fût enfin parvenue à Abdallah qui se rendit d'ailleurs au plus vite à l'hôpital pour prendre sa petite fille entre ses mains. Tout joyeux, les larmes aux yeux il se rendit à la chambre où la sage-femme avait amené sa petite fille. La semaine fut écoulée, la cérémonie de baptême fut organisée et la jolie petite fille reçu le nom de Nafissatou plus simplement la famille, la mère Zara, Aïssata, les grands-parents et autres proches trouvèrent bon de simplifier le nom pour Nafi. Ainsi Nafissatou sera désormais Nafi.

Nafi quelques mois plus tard grandit vite et devint une fille très intelligente car ayant reçu l'amour de tout le monde y compris de celui de Aïssata qui elle avait l'habitude d'accorder main forte à Zara pour l'éducation de sa fille Nafi . Nafi avait toujours été une fille brillante, à chaque fois elle était parmi les meilleurs de sa classe. Grâce à son intelligence elle réussit à créer un lien fort entre les enfants de Aïssata. Elle eut toujours une influence sur eux. Nafi fut considéré par Aïssata comme sa propre fille. Tout dont elle avait besoin elle le reçoit au plus vite auprès de Aïssata qui était comme une seconde mère pour elle.

Le bonheur de Nafi dans sa famille eut un laps temps de pause. Zara la mère de Nafi quelques années plus tard eut des problèmes de santé. Tous les soins les plus possibles et les plus efficaces lui étaient accordés mais sa maladie se compliqua de jour en jour. Aucun remède n'avait pu la sauvé, aucun traitement n'avait pu être efficace contre sa maladie. De l'autre côté les amies de Zara commencèrent à accuser Aïssata de sorcière. Elle avait ensorcelé sa coépouse. C'est une femme méchante, injuste et cruelle. !!! Disant les gens.

Zara rendit l'âme auprès de Aïssata. Ce jour-là Aïssata était chargée de prendre la garde, Assise sur une natte elle remarqua subitement Zara faisant des crises de palpitations et vomissait sans arrêt. Rien à faire que d'appeler les médecins. Mais Aïssata devrait faire un choix, laisser Zara toute seule dans la salle ou de partir chercher les médecins, faute de temps pour le choix, elle choisit alors d'aller prévenir les médecins. Elle courut vers les médecins et à son retour accompagné des médecins ils retrouvèrent Zara couchée semblant être peu souffrante car ne bougeant plus, ne faisant plus des crises de palpitations et des vomissements. Les médecins dès leur premier regard ils comprirent que Zara n'est plus, elle venait de rendre l'âme. Zara nous avait quitté laissant toute une famille malheureuse. Dr Ibrahim appela l'une des ses infirmières puis lui dit de couvrir Zara avec une couverture et d'annoncer la mauvaise nouvelle à Aïssata tout en la calmant en choisissant bien les mots car lui vraiment il n'avait aucun courage de le faire, lui il ne sais pas par où commencer ou quels genres de mots faudrait-il employer pour annoncer la mauvaise nouvelle à Aïssata. Mais rapidement Aïssata comprit également que Zara avait rendu l'âme car elle ne respirait plus, son corps était si froid et ses yeux regardaient le ciel. Alors subitement les larmes commencèrent à sortir, puis quelques secondes après Aïssata commença à crier, l'infirmière toute triste tentait de persuader Aïssata que la vie continue et que la défunte maintenant elle avait seulement besoin des prières gens pas de leurs tristesses. << Toute âme goûtera à la mort >> : disait l'infirmière. Quelques minutes après Aïssata a pu retrouver son calme mais son visage pleins d'émotions montra un cœur souffrant profondément. Elle venait de perdre une sœur, une coépouse, une amie et une deuxième mère pour ses enfants. Que va-t-elle dire à Abdallah et à la fille de Zara ? Zara avait rendu l'âme ce qu'il faut dire à Nafi ? Faut-il lui cacher la mort de sa mère en disant que Zara est transférée vers un hôpital dans une autre ville ?

– La vérité est mieux que le mensonge et le jour où elle découvrira la vérité elle va m'en vouloir puis elle aura une haine profonde qu'elle me détestera à vie. Je n'ai plus de choix, je m'en vais leur partager la mauvaise nouvelle.

Juste sortit de l'hôpital Aïssata croisa Nafi près du portail qui venait apporter le repas.

– Nafi que venait-tu faire ici t'avais-je pas dit de rester à la maison pour t'occuper de la maison ?

–S'il vous plaît tanti Aïssa excuser moi j'étais juste venue apporter le repas.

– D'accord mais et ton papa est- il revenu de son travail ?

– Non pas encore.

– Nafi retournons à la maison, prend le repas puis rentrons.

– Mais Tanti Aïssa, qui va s'occuper de maman personne n'est près d'elle et le repas ? Laisses moi au moins l'apporter à maman.

– Non je t'interdis d'y mettre pied dans cet hôpital, prend le repas puis rentrons à la maison !!!

- Tanti Aïssa, mais Tanti...

– Y'a pas de mais partons à la maison j'ai dit !!!

Nafi toute mécontente comprit que quelque chose ne va pas avec tanti Aïssa. Elle a l'air d'être triste et son visage révèle une expression de malheur.

– Tanti Aïssa qu'est-ce qui ne va pas, pourquoi vous avez l'air d'être triste ?

– Tanti Aïssa !!! Tanti Aïssa !!! Tanti Aïssa !!!

– Tanti Aïssa répondez-moi s'il vous plaît !!!

– Nafi silence tu me mets en colère !!!

– Nafi je suis vraiment désolée je te prie d'être forte maintenant, peut-être à partir d'aujourd'hui ta vie va complètement changer

– Pourquoi vous dîtes ça tanti Aïssa

– Euh !!!

– Tanti Aïssa répondez moi

– Nafi ta mère nous a quitté, elle n'est plus de ce monde, elle a rendu l'âme, suis vraiment désolée ma chère fille.

Nafi se mit alors à crier avec force, le visage mouillé par les larmes, la respiration augmentant le rythme, le corps tremblant et ses jambes semblaient ne plus supporter son corps. Elle ne faisait que pleurer et ses yeux comme des robinets faisaient que sortir les larmes. Quelques minutes Aïssata ne savais quoi faire face à la crise de Nafi, Elle également se mit à pleurer à son tour. Le chemin de la maison parût trop long. Heureusement un conducteur de camion aperçut à travers son rétroviseur une femme accompagnée d'une petite fille portant une tasse enroulée par un pagne sur la tête entrain de pleurer, alors Il s'arrêta pour venir apporter son secours. Après plusieurs tentatives asseyant de les calmer, il réussit à les faire monter dans sa voiture. Il les conduisit à la maison. Arriver à la maison tout le quartier fut été informé.

Toute la nuit avait été blanchi, aucun n'avait pu trouver le sommeil, le quartier était là et partageait sa souffrance avec la famille de Abdallah. Enfants, adultes, femmes, hommes, vielles ou vieillards tous étaient là. Certains chapelets dans la main d'autre avec la bouche priaient pour le repos éternel de la défunte Zara. Abdallah lui n'a pu proférer aucune parole pendant toute le nuit. Son visage montrait une expression de tristesses et de pitié. Nafi a pu trouver le sommeil car elle était près de Aïssata. Le lendemain la défunte Zara fut enterré et une prière collective fut organisée pour le repos éternel de son âme.

Après la mort de Zara les critiques des gens commencèrent concernant la garde de Nafi. Tous pensaient que Aïssata sera une mère méchante et hypocrite, elle fera souffrir Nafi. D'autres même se basant sur la mort de Zara rendaient solides leurs critiques car pour eux Aïssata était responsable de la mort de Zara. Par ces accusations Nafi fût été obligé d'aller vivre dans une autre famille de sa mère. Mais elle n'avait pas pu retrouver le sourire dans cette famille car elle se sentait en sécurité que seulement auprès de son père et de sa deuxième mère Aïssata qui d'ailleurs la considérait comme sa propre fille, Nafi avait été considéré plus que les autres enfants de Aïssata, Aïssata mettait les désirs de Nafi toujours en avant que ceux de ses enfants, Elle était toujours la première à être servi même quand il s'agissait de la nourriture ou de l'argent de poche. Aïssata s'occupait personnellement de ses tresses et des soins de son corps. Elle fût devenue parfaite avec sa deuxième mère. Grâce à cet amour entre fille et marâtre un lien fort s'est créé. Elles étaient devenues très proche l'une à l'autre au point où il est impossible de les séparer mais malheureusement les critiques des gens avaient avantagé leur séparation.

Un an plus tard une grande mère se rendit à Agadez pour rendre visite à Nafi mais à sa grande surprise elle découvrit que Nafi était dans des mauvaises conditions dans cette famille. Elle décida alors de la confié à sa grande mère paternelle où Nafi reçut plus tard les mêmes tortures. Un jour Nafi s'était rendu chez son père pour un baptême. De ce baptême elle eut l'idée de rester chez son père et de continuer à vivre avec sa marâtre.

La grande mère paternelle très en colère avait tout tenté pour récupérer Nafi mais son père Abdallah refusa cette fois ci de confié sa fille à une autre famille. Désormais elle restera vivre avec eux. Elle fût confiée à Aïssata car seulement avec elle Nafi trouvera la tranquillité et le goût de la vie. Avec Aïssata la petite n'avait jamais senti l'absence de sa mère.

Quelques temps après Nafi eut un accident, elle fût renversée par une voiture. Elle s'en est sortie difficilement au point où elle a failli succomber. Avec les soins intenses petit à petit elle retrouva sa santé. Mais cette tragédie rendit furieux la famille de la défunte Zara tout en accusant Aïssata d'être encore la responsable de cet accident. Malgré tout elle était restée avec sa marâtre. Ainsi le lien d'amour et de considération entre Nafi et Aïssata s'agrandit. Désormais le bonheur chez Abdallah est au rendez-vous.

VI. UN ORPHELIN ABANDONNÉ PAR LA SOCIÉTÉ (Enfant dans la misère)

Saïd l'orphelin était maltraité par tous les gens du quartier et à l'habitude de se retrouver dans des tâches des hommes les plus complexes juste pour quelques petites pièces. Il en avait toujours besoin de ces quelques petites pièces de 100fcfa pour se nourrir ou pour se prendre en charge. Saïd est devenu orphelin le jour où il perdit ses parents suite à un incendie d'une station de d'essence qui venait d'exploser. Ses parents tous les deux (2) étaient près de la station d'essence. Le jour-là Saïd était avec eux mais eut la chance de sortir du feu vivant avec un corps plein de brûlures car il venait d'être sauvé par un jeune homme qui accourut pour son secours, le prit par la main, le porta sur son dos puis déguerpit le lieu en toute vitesse avant même qu'une deuxième explosion arriva inopinément. Sa mère tout comme son père étaient calcinés, il ne restait plus rien d'eux que leur cendre éparpillée sur le sol en entendant l'arrivé du vent. À l'arrivé de l'ambulance Saïd reçut des soins intensifs et rapidement avant même d'être transporté à l'hôpital. Quelques jours plus tard il retrouva sa pleine forme et sera désormais en mesure de se déplacer d'un lieu à un autre.

Il n'avait désormais que Abdou leur voisin du quartier sur qui compter car ses parents de leur vivant ne connaissaient personne dans la ville. Ils venaient du village après avoir fuir les menaces des terroristes qui à chaque fois venaient tuer les villageois. De l'hôpital Saïd fut amené chez Abdou pour s'occuper de lui. Mais Abdou petit contractuel de l'état avait également ses problèmes à lui. Trop endettés, trop de problèmes, trop de charges avec lui et trop des enfants à nourrir car ayant trois (3) femmes. Il avait trouvé le petit Saïd comme une autre charge également, l'avais abandonné dans la société seul face aux risques et aux dangers de la ville. Saïd vécut seul dans la rue et puis pour se nourrir soit il se mettait dans des travailles des hommes soit mendiait. Désormais il ne peut que compter sur personne que sur soi-même.

Il avait l'habitude de se retrouver seul la nuit au milieu de nulle part dormant sur des cartons et se servant des grands sacs en sachets comme la couverture de son confortable lit doux en carton. Confronté à tous genres de risques, il avait l'habitude de faire face à des chiens errants et autres animaux dangereux qui tellement terrifiants empêchant le petit de dormir confortablement. Le matin de bonne heure les gens qui partaient au travail ou les petits qui partaient à l'école passèrent à côté du petit, le trouvant coucher inconfortablement, presque nu et presque le corps en poussière comme pour les gens chercheurs de l'or des mines, les regardants puis personne ne réagit et personne n'eut le courage d'avoir pitié de lui. Chaque jour est un combat pour le petit car même pour manger il faut d'abord très tôt le matin se réveiller pour aller mendier. Passant des heures à mendier, de 6heures à

10 heures juste pour obtenir finalement une petite pièce de 50fcfa et de fois juste pour finir bredouille car personne n'avait pitié du petit. À midi le même calvaire continuait, il faudrait aller encore chercher quelque chose pour mettre sous sa dent. Tellement malheureux le petit Saïd était de fois obliger de faire des sacrifices pour faire des choses qui nécessitaient un certain courage et de la force. Dans la ville où il se trouvait personne n'avait pitié des mendiants et même ils étaient considérés comme des voleurs. Ce fut le même cas du petit Saïd qui était traité de petit voleur par plusieurs commerçants. Pour eux le petit profitait de la nuit pour venir faire des casses dans les boutiques des gens. Les mendiants eux tous étaient détestés puis considérés comme des bandits ou méchants personnes par les commerçants. Personne n'eut pitié du petit Saïd même étant si petit, si enfant, si innocent et si fragile.

Saïd est un petit enfant de 12 ans orphelin depuis plusieurs années. Si maigre que son corps fait apparaître les os et une peau pleine de cicatrices ou de blessures à certains endroits de son corps. Une tête un peu grosse ressemblant à une masse ou une boule sphérique et des yeux enfoncés dans les orbites. Très noir comme le charbon, mince comme un arbre et des pieds comme ceux des autruches ; Saïd ressemble à un squelette humain. Mentalement il semble être complètement traumatisé et frustré en même temps. Le sens de la vie n'a aucune signification chez lui et n’arrivait plus à comprendre où va le monde, comment comprendre sa société, comment comprendre les gens, leurs objectifs et leurs rôles dans la vie et dans la société. Tout le monde est cruel et méchant, personne n’est présent pour apporter son aide aux nécessités. Tous vivait avec un cœur endurci par la méchanceté. Se soucier d’une personne en dehors de la famille semble être impossible. Seule ta propre famille compte les restes sont des obstacles dont il faut à tout prix s'en méfier ou à tout prix ignorer.

Kandé une femme vendeuse des galettes avait-elle trouvé quelqu’un qui pourrait laver ses tasses, ses ustensiles et autres, lui mettre du bois dans le feu au fur à mesure que le feu venait à s’éteindre ou encore s’occuper des clients, prendre de l’argent auprès des gens, les servir et de fois les apporter leurs galettes chez eux s’ils avaient commandé depuis. Saïd chaque jour venait très tôt le matin pour aider kandé dans sa vente des galettes. Kandé était sans pitié avec le petit et à chaque petite faute elle se fâcha puis gronda le petit Saïd tout en le frappant. Comme elle le disait souvent : << je n’aime pas qu’on s’amuse avec moi, et je suis très sévère en ce qui concerne les punitions. >>. Saïd n’avait pas le droit de manger même une galette qui venait de tomber au sol, ni même voler ou profiter au moment où kandé était déconcentrée à surveiller ses galettes de près. Et s’il oserait à la faire ce que le jour là ça chaufferait pour lui. Il devrait être patient jusqu'à la fin de la vente des galettes pour recevoir quelques petites pièces de 150 FCFA ou à la place recevoir six (6) galettes en échange des pièces. Même quand certains clients venaient acheter des galettes pour l'aumône, lui n'en faisant pas partie des bénéficiaires mais partie des spectateurs car kandé le surveillait de près avec attention et n'attendait que le petit fasse une erreur pour plus tard lui privé de ses 50 FCFA dans les 150 FCFA à la fin de la vente. Les soirées Saïd partait travailler chez Zeinabou vendeuse de beignets. Elle est différente de kandé mais très sévère en affaire de travaille. Elle fait travailler énormément car chez elle le concept fatigue n'existe pas. Mais elle n'empêchait personne à ramasser les petits beignets qui venaient de tomber au sol et à chaque fois laissait le petit goûter quelques beignets pour prendre de force et d'énergie pour le travail car après le travail sera très complexe. Éteindre le feu, ramasser les quelques petits bois et charbons, laver la grande casserole de beignets, mettre l'huile dans un bidon et laver les quelques tasses et ustensiles puis les charger sur une charrette pour les transporter à la maison de Zeinabou qui se trouvant à plus de trois (3) kilomètres du lieu de vente.

Quelques fois Saïd partait chez Alhaji Oustaz le grand commerçant de la gare. La boutique de Alhaji se trouvait à la périphérie de la gare et quelques mendiants de la ville venaient travailler pour lui. Ils avaient pour travaille décharger les quelques cartons et les quelques sacs de diverses céréales se trouvant dans ses gros camions. Parmi eux Saïd était le travailleur préféré de Alhaji Oustaz car lui ne se plaignait jamais des tâches et du salaire qu'il recevait. Il travaillait beaucoup mais il était le plus arnaquer parmi tous par Alhaji Oustaz. Il était même le petit que le grand commerçant de la gare avait plus confiance. Il l'envoyait de fois chez lui prendre le repas ou quelque fois apporter des provisions à sa femme et partir prendre la liste des commandes de sa femme. Saïd fût plusieurs fois été solliciter par la femme de Alhaji pour venir balayer la maison et faire la lessive des habits de ses enfants.

C'était un Lundi Saïd ce jour-là Saïd était venu pour la lessive chez Alhaji à sa grande surprise il vit les enfants de Alhaji Oustaz se préparaient pour aller à l'école. Sans comprendre ce qui lui arrivait, il sentit un sentiment d'amour de l'école se créa chez lui. Désormais le plus grand rêve c'est d'être un élève et de partir à l'école comme tous les enfants de Alhaji Oustaz. Eux ils étaient chanceux d'être écoliers et à chaque fois ils partaient à l'école pour apprendre la langue de Molière et apprendre à lire et à écrire. Pour apprendre à lire et à écrire à chaque fois qu'il venait chez Alhaji Oustaz il imitait Fadel, Zakaria et Hadiza les enfants de Alhaji. Eux avaient un répétiteur, lui avait eux comme répétiteur. Avec ses livres déchirés qu'il ramassait dans les poubelles des librairies du quartier essayait d'imiter les enfants de Alhaji. Malheureusement n'ayant jamais mis les pieds dans une école le petit n'arrivait jamais à déchiffrer les écritures se trouvant sur les livres qui parmi ces livres se trouvèrent même les livres des lycéens ou des étudiants dont leurs états avaient poussé aux propriétaires de les abandonnés dans des poubelles. Il arrivait quand même à compter de (1) à dix (10) car Zakaria l'ayant aidé un jour. Zakaria le considère beaucoup comme un ami. Mais cette amitié mettait en colère Alhaji qui cherchait à éviter que son enfant soit un délinquant ou un voleur. Saïd avait une folle envie d'être écolier comme tous ces enfants ayant le même âge que lui mais cette misère qu'il fait face le prive de tous ces avantages. << Pas question d'aller à l'école pour celui qui cherchait à survivre dans une société cruelle et méchant. >> = Disaient les amis de Saïd.

Un jour le petit rejoignit une bande de délinquants qui se faisaient appeler les ''moustiques''. Comme les moustiques suceurs de sang les ''moustiques'' eux sucent les richesses des gens et de fois prenaient l'âme des gens avec leurs machettes et des armes volées ou achetées sans permis d'utilisation. Tellement nombreux et dangereux ils étaient connus partout dans la ville. Des véritables bandits, délinquants et criminels, le groupe ressemble majoritairement les enfants abandonnés par la société et quelques orphelins et mendiants ou des enfants ayant abandonnés l'école ou chasser de la famille.

Quelques jours après avoir intégré le groupe le petit commença à prendre de la drogue et de toutes genres de substances illicites. Désormais Saïd est devenu un grand délinquant auteur de plusieurs casses et assassinats. Il avait trouvé sa place au sein de la société, il avait trouvé sa vraie famille. Il avait trouvé protection auprès de ses frères les ''moustiques''. Saïd était devenu un super délinquant, un grand vendeur de drogue au point où il eut un poste très important dans la bande. La première mission de Saïd était celle de partir se venger. Il droit à tout prix tuer tous ces gens du passé qui l'avaient fait souffrir. Sa première victime était kandé la vendeuse de galettes. Ce jour-là kandé très tôt le matin se préparait pour aller au lieu de vente de ses galettes puis brusquement elle vit Saïd accompagné de ses confrères avec des manchettes dans la main devant elle dans sa maison. Elle reçut des manchettes dans le ventre et fut égorgé comme un mouton par Saïd. Les bandits avaient également volé toutes la richesse de Kandé. Les autres victimes avaient reçu le même sort que kandé mais une seule d'entre eux avait échappé à la mort ; c'était Alhaji Oustaz le grand commerçant de la gare. Le grand plan des "moustiques'' avait échoué face à lui car étant un homme très protégé. Il avait même des armes qu'il avait acheté et puis demander l'autorisation utilisation pour se protéger. Un jour les polices à la recherche des ''moustiques'' avait attrapé quelques-uns d'entre eux. Après plusieurs séances interrogatoires. La police réussit à mettre en main le plan et les futures victimes des ''moustiques''. Alhaji Oustaz faisant partie des futures victimes. Il fut été mis au courant par la police. Alhaji Oustaz avait alors renforcé ses gardes corps et désormais il se balade avec une arme.

La nuit vers 1h du matin toute la bande de Saïd précipitée était venue pour prendre l'âme de Alhaji Oustaz. Sans le savoir les éléments de Saïd se sont fait avoir par les gardes corps puis abattus comme des chiens après avoir été encercler dès qu'ils ont fait leur irruption dans la maison ; lui Saïd avait voulu tuer Alhaji de ses propres mains mais malheureusement Alhaji était équipé. Également il fût abattu comme un chien. Il reçut une balle dans la tête et une deuxième dans l'œil droite. C'est ainsi les souffrances de Saïd l'orphelin se sont dissipées. Fin de la misérable vie d'orphelin, fin de la vie de bandit et fin de la vie de mendient.

VII. LA MENDICITÉ DANS LES SOCIÉTÉS AFRICAINES

La mendicité peut être définie comme un phénomène social ou un problème social lors duquel une personne, dans des lieux publics et/ou privés, demande publiquement de l'aide, sous la forme de charité, comme de l'argent, de la nourriture ou d'autres objets matériels de grande ou petite valeur. En effet, les causes de la mendicité sont multiples mais les plus connues sont les causes économiques et socio- religieuses. Les mendiants, communément appelés « Garibou ou talibé », sont des gens qui passent toute leur journée à tendre la main pour survivre. De manière générale, un mendiant est une personne qui vit matériellement d'aumônes, ou de l'argent ou de la nourriture donnée par charité. Le mendiant est habituellement sans domicile fixe et se déplace dans la campagne ou dans une ville qui est devenue son territoire. Les enfants peuvent mendier, seuls ou en compagnie d'adultes. « La mendicité est, avant tout, conçue et décrite par les sources anciennes comme le résultat d'un processus, d'une chute économique. Elle constitue, à ce titre, un élément structurant des représentations collectives en matière de mobilité sociale. Les sociétés africaines font face à une explosion de pourcentage des mendiants dans des sociétés. Plus un pays est pauvre, plus sa population devienne aussi et plus les gens deviennent des mendiants. Le pays n'ayant rien, les gens avec des conditions de vie extrêmement bas se lancent dans la mendicité pour pouvoir survivre. D'autres la mendicité leur permet de subvenir à leur besoin, c'est une activité très prometteuse qui rapporte beaucoup de ressources. La situation de l'Afrique vis-à-vis de la mendicité révèle d'énormes conséquences et montre la pauvreté d'un pays sous une autre forme, la faiblesse de l'état face au peuple et l'incompétence de certains dirigeants. Les causes sont multiples comme par exemple un enfant orphelin qui n'a personne pour s'occuper de lui ou encore un enfant abandonné par ses propres parents. Aussi une extrême pauvreté des parents peut pousser certains parents à laisser leurs enfants dans la rues. Les enfants se retrouve seule dans la rue pour mendier pour chercher à manger. De fois les parents eux-mêmes partent dans les ruelles à la recherche de la nourriture. Le problème d'handicap qui empêche les gens handicapés de travailler pour s'occuper de leur famille. Et la solution c'est de mendier car le gouvernement n'apporte pas son aide face aux handicapés. Par exemple un aveugle qui dont les yeux ont cessé d'émettre la vision. Et de nos jours aucune société ne voudra des aveugles pour leur service et aucune autre institution publique ou privée n'acceptera les handicapés dans leur structure. Toute entreprise à tendance à rechercher des personnes en forme, bien au complet pour pouvoir bien offrir leur force et permettre à l'entreprise de pouvoir fonctionner correctement et d'apporter beaucoup de ressources. Mais un handicapé ruinera l'entreprise, la force qu'il peut offrir à l'entreprise est réduite de moitié ou même ne rien offrir à l'entreprise. Ça serait donc du gaspillage pour l'entreprise de recruter des personnes faibles. Les handicapés sont alors obligés de mendier pour avoir au moins quelques choses pour mettre sous la dent ou encore s'occuper de la famille. Ailleurs dans certaines sociétés la mendicité est causée par le fait que certains parents envoient leurs enfants dans une autre ville pour l'école coranique. Mal surveiller ou mal nourrit par le maître marabout, ces enfants s'exposent à la mendicité. La famine aussi est la principale cause de cette activité dans les sociétés.

Cela provoque beaucoup des problèmes dans les sociétés car certains mendiants se reconvertissent à des grands voleurs ou à des grands bandits. Chaque jours les crimes se multiplient ou naissent dans les sociétés, les problèmes se ressentent le plus dans les sociétés et les dangers augmentent cela provoque de taux des criminalités ou de banditismes. Ailleurs certains mendiants deviennent des dangereux terroristes recrutés pour tuer ou se faire tuer. Une fois recrutés ces mendiants reviennent semer la terreur dans les sociétés. Et cette soif de vengeance les pousse à tout détruire car autre fois été abandonnés par tout le monde. Personne n'a pu apporter son aide lorsqu'ils avaient gravement besoin d'aide de tous. La mendicité engendre également des nombreuses maladies. Les mendiants exposés par toutes genres de maladies font circuler plus rapidement certaines maladies à ses confrères et à d'autres individus qui sont les plus exposés. Ces mendiants n'ont pas la chance d'aller à l'école, trop occupés à chercher de quoi se nourrir cela engendre des illettrés ou des analphabètes dans les sociétés. Certains mendiants viennent massivement des villages pour la ville et une fois dans les villes il remplissent les lieux publics ou certaines structures créée par le gouvernement. Salissent certains endroits et détruisent d'autres. Le gouvernement reste indifférent face à ce grand problème et aucune aide n'est implorée pour y faire face et de relever le défi.

Pour faire face à cette situation, plus d'orphelinats devraient être créer pour les enfants qui n'ont ni père, ni mère. Aider plus les nécessités en donnant plus de nourriture pour les affamés et en cherchant des solutions pour leur future vie. Que faut-il faire pour réduire le nombre des mendiants dans les sociétés, Quelle est la meilleure issue face à la pauvreté. Créer plus de travail pour les pauvres tout en réduisant la pauvreté dans les sociétés. Rééduquer certains individus qui ont reçu une mauvaise éducation ou encore sensibiliser la population à venir en aide aux nécessités.

VIII. LES DIRIGEANTS AFRICAINS

Désormais le concept dirigeant est synonyme de voleur ou encore synonyme de traître car s'il peut y exister des parfaits voleurs ou des parfaits traîtres sans doute on retrouve les dirigeants africains en première ligne du classement ou en première position dans la liste des plus grands voleurs du peuple. Personnes bien habillés, jolie veste et cravate bien assortie et bien mise au coup pour rendre l'habillement encore plus jolie. Le corps bien soigné pour paraître des vrais hommes face au gens et gagner leur confiance ou leur considération. Mais l'esprit cache une négativité absolue et le cœur totalement solidifié, aucun sentiment de pitié pour la population. Pour ces voleurs tout ce qui compte vraiment c'est de posséder l'argent du peuple. Voler beaucoup des biens des gens et vivent leur vie de luxe ou des gens riches. Posséder beaucoup des maisons avec des grandes piscines, des grands espaces, d'énormes parkings avec des grosses voitures chères ou de luxes. Envoyer leurs enfants en Europe pour les études. Également disposer des jolies maisons et partir en Europe pour passer des beaux moments en famille. Se classer ou s'aligner parmi ou avec des gens les plus riches de l'Afrique ou être classé parmi les gens les plus riches du monde.

Au début ils viennent massivement dans les villages pour corrompt les gens ou acheter leurs votes avec quelques petits billets pour les élections. Avec leur talent ou leur langage doux, convaincant et rassurant ils arrivent malheureusement à convaincre les gens de les voter et qu'une fois au pouvoir tout le monde mangera des délicieuses viandes. À chaque fois c'est les mêmes discours, à chaque fois c'est les mêmes mensonges et tous convaincus nous acceptons sans faire attention sans être prudent. Mais c'est dans le futur que à chaque fois nous nous ressentons le vrai mensonge déguisé. Les conséquences de nos manques d'imprudences deviennent très salées. C'est une fois au pouvoir les menteurs montrent leur vrai visage, leur vraie intention ou leur plan pour la population. Les gens font face alors à des véritables voleurs ou des véritables traîtres, les ''ennemis de la nation'' des gens qui ont besoin du peuples pour voler le peuple, ce sont des gens qui sont là seulement pour leurs intérêts personnels, ils ne sont pas là pour le peuple, ils ne sont pas là pour la nation. Ils sont là pour tout plier, pour tout voler ou pour tout mélanger. Le pouvoir pour eux c'est une occasion de se transformer ou de tout transformer ou encore de transformer certaines choses. L'attente des gens est simple mais eux ils compliquent les choses en faisant des détours et des détours et au final rendre plus complexe l'attente. L'espoir des pauvres se repose sur eux mais eux la richesse est leur espoir. Il n'ont rien à foutre car pour eux seul la richesse compte. Les belles paroles, les beaux discours d'hier sont que des mensonges qui nourrissent le pouvoir d'aujourd'hui, qui nourrissent le gouvernement d'aujourd'hui et le rend encore plus faux que jamais, plus négatif que jamais. Tous ont cru aux gens bien habillé, tous ont fait confiance aux gens avec cravate au coup, tous ont fait confiance aux gens avec des jolies voitures de luxe et tous ont pensé que les messieurs bien habillés allaient les rendre la vie facile, allaient régler le problème de pauvreté ou allaient aider les gens à faire face aux situations les plus complexes mais se sont juste que des simples imaginations ou des rêves qui seront bientôt à tombés à l'eau. Une fois au pouvoir les premières actions du monsieur c'est de s'entourer de sa famille, des gens de sa famille, des membres de sa famille de leurs familles, de leurs amis, de leurs entourages ou des amis de leurs amis. Il faut d'abord abreuver la famille, les amis, les entourages, les collègues, les alliés ou autres suggestions de la famille et ensuite penser aux misérables, aux pauvres. La première préoccupation c'est la famille, les alliés ou encore personnages qui ont contribué à obtenir le pouvoir.

L'Afrique est un continent riche avec beaucoup de ressources. Si seulement les africains arrivent à comprendre ou à identifier ceux qui freinent le développement du continent. Nous serions comment sortir de la misère et sans doute être capable de franchir l'étincelle de la lumière du progrès.

Printed by Books on Demand GmbH, Norderstedt / Germany